Et voici
UN AUTRE ENFANT

Tu le reconnais facilement, Marcel.
Avec ses cheveux roux. Ses lunettes.
Ses baskets roses. Son accent de Lyon,
ses petits trains et son drôle de caractère.

Il ne te ressemble pas !

Et si on était
TOUS PAREILS ?

Avec les mêmes cheveux roux,
les mêmes vêtements, le même accent,
les mêmes goûts et le même caractère,
les mêmes défauts et les mêmes qualités ?

FLORENCE DUTHEIL / HENRI FELLNER

LE PETIT LIVRE
POUR DIRE
NON
À L'INTOLÉRANCE
ET AU RACISME

Pour Hugo

BAYARD POCHE / ASTRAPI

Toi, tu sais
QUI TU ES

**Alors colle ta photo.
Comment sont tes yeux, tes cheveux ?
Es-tu petit ou grand ?**

Quel cauchemar !

Comment ferait-on pour se reconnaître ?
Comment ferais-tu pour savoir qui tu es ?
Mais dans la vie, ce n'est pas comme ça !

Il y a des différences
PHYSIQUES

des jeunes

des vieux

des noirs

des jaunes

des gens qui n'entendent pas

des grands

*des gens
qui ne voient pas*

**des gens
qui se déplacent
en petite voiture**

des petits

des blancs

Il y a des différences
DE CARACTÈRE

des grands timides

des coléreux

des doux

des petits malins qui se font remarquer

Il y a des différences
DE RELIGION

des chrétiens   **des juifs**

des musulmans

Il y a des gens qui ont une autre religion
ou qui n'en ont pas. Et il y a encore
bien d'autres différences : la cuisine,
les habits, la langue qu'on parle,
la musique…Toutes ces différences
nous font tels qu'on est.

Et toi, pourquoi tu es
COMME TU ES ?

Tu es comme tu es parce que tu as
des parents, des grands-parents
à qui tu ressembles.

Les moments que tu passes
avec tes copains et tout ce que tu vis,
ça fait aussi partie de ce que tu es.

Ton frère, ta sœur
sont différents de toi
bien que vos parents soient les mêmes.

Tu es unique !

Toutes ces différences entre les gens,
ÇA ÉTONNE, ÇA ATTIRE

Mais ce n'est pas si facile !

Parfois, il y a de la gêne.

Parfois, il y a de la haine
dans les yeux, dans les mots.

Parfois même, c'est la guerre.

Alors,
qu'est-ce que tu

peux faire ?

**Voici six situations
que tu peux rencontrer,
avec des conseils
pour les comprendre et réagir.**

Parfois, il y a
DE LA GÊNE

Ça doit être bizarre d'être comme ça !

On est gêné de voir quelqu'un
qui ne peut pas bouger,
courir, jouer comme soi.
On a peur et on se ferme.

Si tu es gêné, essaie de te mettre
à la place de l'autre, parle-lui,
donne-lui un coup de main.

Tu découvriras qui il est.
Comme toi, il a envie de rire
et de se faire des copains.

**Pour mieux vivre ensemble,
sois ouvert!**

Parfois, il y a
DE LA VIOLENCE

On s'énerve, on se dispute.
Ce n'est pas une raison
pour dérailler.

Toi aussi,
tu aurais pu faire un croche-pied.
Si des gros mots peuvent t'échapper,
ne laisse jamais une insulte
sortir de ta bouche.

C'est méchant, c'est injuste,
et ça peut faire mal longtemps.

**Pour mieux vivre ensemble,
sois juste !**

Parfois, il y a
DE L'IGNORANCE

Certains adultes prétendent
que tout ce qui va mal
est de la faute des étrangers.
Même les grands peuvent se tromper.

Personne n'est responsable
de tout ce qui va mal.
La vérité est beaucoup plus compliquée.

Alors, plutôt que de répéter
des idées toutes faites,
pose-toi des questions,
lis, interroge les gens
plus savants que toi, informe-toi.

**Pour mieux vivre ensemble,
réfléchis !**

Parfois, il y a
DE LA MÉFIANCE

Dans ton quartier,
dans ton école,
il y a des enfants d'origine étrangère.
Peut-être que tu te méfies d'eux.

Si tu oublies ta méfiance
et que tu vas vers les autres,
tu feras de vraies rencontres.

Tu connaîtras d'autres façons
de vivre que la tienne,
et plus tu les connaîtras,
plus tu les trouveras intéressantes,
plus tu les respecteras.

**Pour mieux vivre ensemble,
sois tolérant!**

Parfois, il y a
DE LA HAINE

Certains ont un regard de haine
envers ceux qui n'ont pas
la même couleur de peau
ou la même origine qu'eux.
Ils les insultent, les maltraitent,
ils refusent de vivre avec eux.

Si tu vois ça, ne le garde pas pour toi.
Dis-le à un grand, à ton instituteur,
à tes parents. Ils pourront agir.

Car les insultes et les gestes racistes,
c'est puni par la loi.
On peut être condamné
à payer une amende
et même aller en prison pour cela.

**Pour mieux vivre ensemble,
réagis !**

C'est quoi,
LE RACISME ?

Le racisme, c'est quand on rejette
une personne sans la connaître,
parce que sa couleur de peau,
son origine, sa religion, sa façon
de vivre sont différentes de la nôtre.

C'est quand on lui refuse
un travail ou une maison.
C'est quand on l'agresse.
C'est quand on évite de s'asseoir
à côté d'elle ou de devenir son ami.

**Chacun a le droit de vivre
et d'être respecté.
Le racisme est interdit et puni par la loi.**

**Dans ta classe, dans ton quartier,
quand tu pars en vacances,
tu as l'occasion de rencontrer
plein de gens différents et de découvrir
qu'on peut vivre autrement.**

**Si tu t'intéresses aux autres,
ils t'apprennent beaucoup de choses
et tu leur en apprends autant.**

**Ce petit livre t'a montré
que si tu es curieux,
ouvert et tolérant…**

ça aide à mieux

vivre ensemble.

*Merci aux enfants des écoles élémentaires
des rues Charles-Hermite et La Fontaine,
à Paris, de Puiseaux, du Moulin-des-Pierres, à Clamart,
de Velpeau à Antony et aux enfants de la Goutte-d'Or.*

© BAYARD Éditions / Astrapi, 1998
Bayard Éditions est une marque
du département Livre de Bayard Presse
ISBN : 2 227 745 010
Dépôt légal : septembre 1998 - n° d'éditeur : 4090
Loi 49956 du 16 juillet 1949
sur les publications destinées à la jeunesse